Este libro le pertenece a:

_____

El Ninja de los Sentimientos

Por Mary Nhin

Este libro está dedicado a mis hijos – Mikey, Kobe, and Jojo.

Salté de la cama, abrí las cortinas y me
estiré sobre mis dedos de los pies.

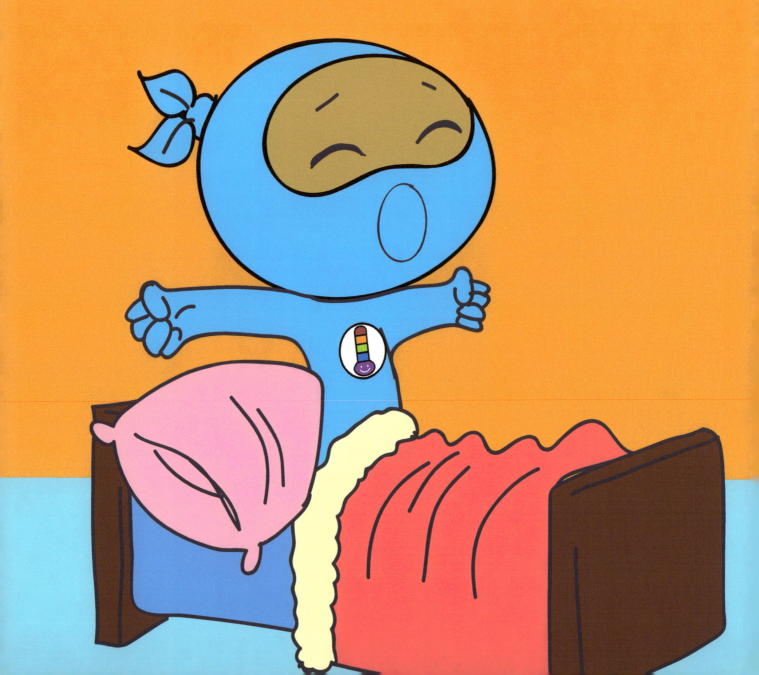

Iba a ser un día hermoso.
Estaba seguro de ello.

Después del desayuno, salí a jugar baloncesto. Pero cuando agarré mi pelota de baloncesto, me decepcioné al saber que no rebotaba.

Uno, dos, tres. ¡Pompeé tantas veces, pero no estaba funcionando!

Por frustración, tiré la pelota al el suelo del garaje.

Entonces, sonó el timbre. Era el Ninja Frustrado.
¡Estaba tan feliz de ver a mi amigo!

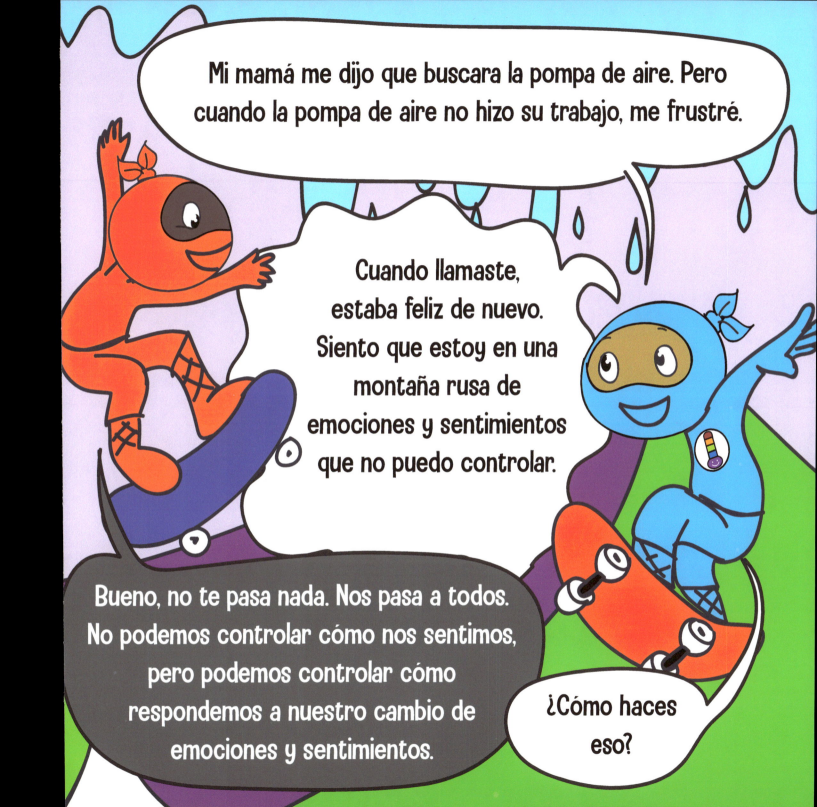

Me gusta usar un termómetro de sentimientos para comprobar la temperatura de mis sentimientos. Esto me ayuda a reconocer el sentimiento que estoy experimentando para que pueda elegir la mejor reacción.

Termómetro de los sentimientos:

¿Cómo te sientes?	¿Qué puedes hacer al respecto?
ENOJADO, FURIOSO, EXPLOSIVO >Gritando, Pisando fuerte, En Crisis	**Ejercicio físico, Respira profundo, Contar hasta diez.**
FRUSTRADO, MOLESTO, IRRITABLE >Discutir, dejando de funcionar	**Meditar, Escuchar música, Ejercitarte, Pedir ayuda**
ANSIOSO, PREOCUPADO, INQUIETO >Inquito, Esquivando, Pegajoso	Habla con alguien, concéntrate en lo qué puedes controlar, Practica la conexión con la tierra usando tus cinco sentidos
TRISTE, NEGATIVO, SOLITARIO >Llanto, Retraído, Desconectado	Ten una charla positiva contigo mismo, Habla con un amigo, Escribe sobre tus sentimientos
POSITIVO, FELIZ, TRANQUILO >Sonriendo, Riendo, Comprometido	**Ayuda a alguien más, haz algo divertido, Nota y disfruta tu estado de ánimo**

Si escuchas lo que tu cuerpo te dice, te da pistas para que sepas lo que estás sintiendo...

¡Nunca lo había pensado así! Esa noche, dibujé un Termómetro de Sentimientos en mi diario e hice un gráfico. Lo puse en mi pared.

¿Cómo te sientes? — ¿Qué puedes hacer al respecto?

ENOJADO, FURIOSO, EXPLOSIVO
>Gritando, Pisando fuerte, En Crisis

Ejercicio físico, Respira profundo, Contar hasta diez.

FRUSTRADO, MOLESTO, IRRITABLE
>Discutir, dejando de funcionar

Meditar, Escuchar música, Ejercitarte, Pedir ayuda

ANSIOSO, PREOCUPADO, INQUIETO
>Inquito, Esquivando, Pegajoso

Habla con alguien, concéntrate en lo qué puedes controlar, Practica la conexión con la tierra usando tus cinco sentidos

TRISTE, NEGATIVO, SOLITARIO
>Llanto, Retraído, Desconectado

Ten una charla positiva contigo mismo, Habla con un amigo, Escribe sobre tus sentimientos

POSITIVO, FELIZ, TRANQUILO
>Sonriendo, Riendo, Comprometido

Ayuda a alguien más, haz algo divertido, Nota y disfruta tu estado de ánimo

¡Qué chévere!

Al día siguiente, experimenté una serie de emociones. Pero esta vez fue diferente. Podría decir lo que sentía y responder de una manera más proactiva usando mi Termómetro de Sentimientos.

Por ejemplo, cuando fui a cepillarme los dientes, me tropecé con un juguete que mi hermana había dejado en el suelo. Me enfadé tanto y quise gritar. Pero luego, pensé en revisar mi temperatura en el Termómetro de Sentimientos.

Estás enojado. Respiremos hondo y con calma le pediremos que recoja sus cosas.

Cuando fui a la cocina, descubrí que mi mamá me hacía mi desayuno favorito. Estaba muy feliz. Reconocí el estado de ánimo positivo en el que estaba, así que le di las gracias y le pregunté si necesitaba ayuda.

No pasó mucho tiempo hasta que mis sentimientos cambiaron de nuevo. En medio de la construcción de una estructura, me molestó que las instrucciones no tuvieran sentido. Pensé: Es hora de revisar mi temperatura. Entonces, me di cuenta de que me sentía frustrado.

Ok, ¿qué hago con la frustración? Ah sí, puedo pedir ayuda, pensé.

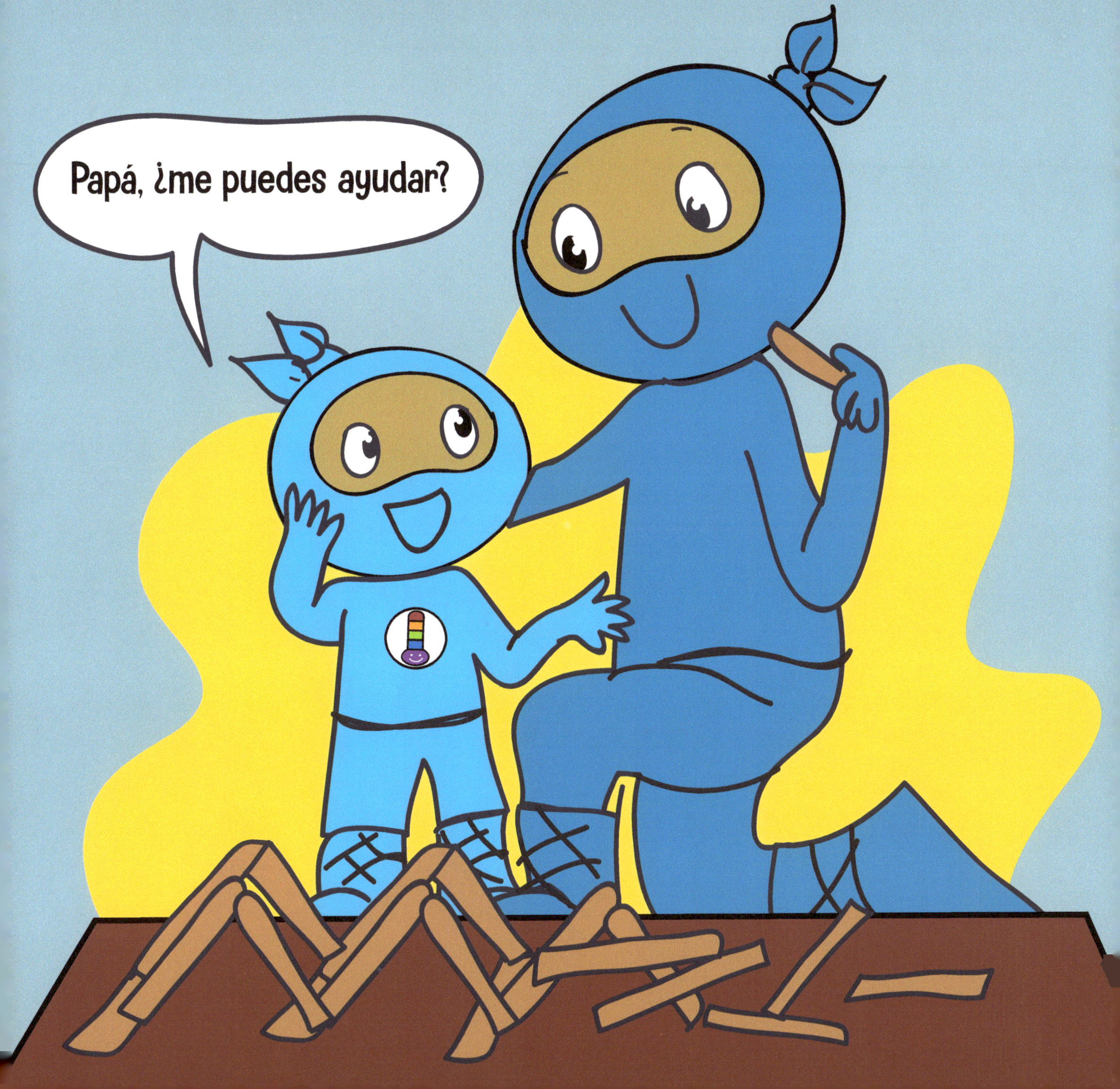

¡Tener un Termómetro de Sentimientos realmente me ayudó a reconocer y manejar mis sentimientos!

¡Me siento muy agradecido del Ninja Frustrado por presentarme esta herramienta genial!

¡Recordar usar tu Termómetro de Sentimientos podría ser tu arma secreta para manejar tus emociones!

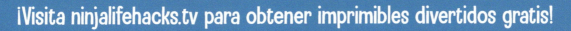

¡Visita ninjalifehacks.tv para obtener imprimibles divertidos gratis!

@marynhin   @GrowGrit
#NinjaLifeHacks

Mary Nhin   Ninja Life Hacks

Ninja Life Hacks

@ninjalifehacks.tv

CPSIA information can be obtained
at www.ICGtesting.com
Printed in the USA
LVHW070051010323
740645LV00007B/40